LK7 2031

CHERBOURG.

EXAMEN VRAI ET IMPARTIAL,

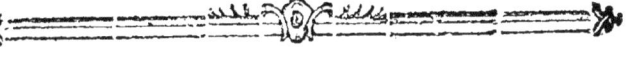

Des différens Projets qui ont été préfentés, depuis 1777, pour y former une Rade; des avantages & des inconvéniens qui ont réfulté de ces Projets, & des dépenfes énormes que les Ouvrages bien ou mal conçus, bien ou mal exécutés, ont occafionné à la Nation, jufqu'à la fin de l'année 1790;

A L'ASSEMBLÉE-NATIONALE.

Messieurs,

Vous avez fait de très-grandes, de très-utiles chofes pour la régénération de ce vafte Empire; vous avez prefque par-tout porté la faulx de la réforme : il fubfifte cependant encore des abus, échappés à vos travaux, à vos veilles, à votre follicitude : ce n'eft que fucceffivement que vous & vos fucceffeurs pourrez les attaquer.

L'intérêt public eſt encore en ſouffrance dans certaines parties ; & il eſt de votre ſageſſe, avant votre ſéparation, d'accueillir les obſervations qu'on pourroit encore vous faire ſur ces parties négligées.

Je me ſuis chargé de la tâche pénible de l'examen des travaux de Cherbourg & de leur adminiſtration, dont le Rapport a été tant & ſi long-temps attendu. C'eſt de ces travaux, célébres par une réunion de circonſtances connues, dont je vais vous entretenir un moment.

On vous en a parlé quelquefois; mais ſeulement pour vous demander des fonds. On s'eſt bien gardé de vous inſtruire de tout ce qu'il auroit fallu que vous ſachiez, pour prononcer en connoiſſance de cauſe. Peut-être que le défaut de renſeignemens, de la part de ceux qui vous en ont entretenu, a été un obſtacle. J'avois gardé le ſilence moi-même, parce que je n'avois encore que des idées vagues. J'ai voulu acquérir les connoiſſances néceſſaires; je n'ai rien négligé pour être en état de vous rendre un compte fidelle: je crois être parvenu à mon but, & j'ôſe vous demander toute votre attention.

Des ouvrages qui ont déjà coûté une ſomme de 28 millions à l'État, qui ſont encore éloignés de leur perfection, auxquels on a toujours travaillé en aveugle; ſans principes, ſans plans, ſans aucune donnée certaine, vous paroîtront, ſans doute, de nature à la fixer toute entière.

Il faut en convenir, Messieurs, la ville de Cherbourg est dans la plus heureuse position politique & commerciale. La nature avoit tout fait pour elle ; heureux ! si les spéculations de l'art n'ont pas détruit les ressources qu'elle offroit.

Les avantages de son Port sont connus : le département de la Manche, qu'il termine, est un Canton très-riche, où l'industrie se répandra d'avantage lorsqu'il aura des débouchés.

On n'a jamais pu voir la belle Rade de Cherbourg, entre la pointe de Querqueville & de l'isle Pelée, sans désirer d'y voir un Port.

Dans tous les tems l'ancien Gouvernement s'en est occupé ; mais dans tous les tems aussi des circonstances imprévues, des guerres, l'embarras de nos finances, l'éternelle manie d'hommes ineptes & de leurs entours, qui vouloient avoir la gloire de tout faire sans rien entendre, ont fait avorter tous les projets, depuis environ 1660, jusqu'à présent.

On avoit vu Cherbourg en grand, on l'avoit apprécié : on avoit jugé nécessaire d'y faire un Port de guerre ; on avoit déterminé son emplacement ; cet emplacement avoit toutes les qualités requises ; & si, avant le funeste combat de la Hongue, on eut exécuté ce plan, notre Marine seroit maintenant la plus respectable de l'Europe, & nous serions les maîtres absolus de la Manche & des destins de l'Angleterre.

Les isles de Gersey, Guernesey, Aurigny, éternels repaires de Corsaires qui, en tems de guerre, désolent nos côtes & notre Commerce, qui nous font plus de mal, en une seule campagne, qu'elles ne nous sont utiles en vingt années de paix, seroient depuis long-tems rentrées sous leur domination naturelle.

Soit foiblesse, soit malveillance, on a toujours écarté cette idée. On a perpétuellement travaillé à un Port de commerce; & par une fatalité aussi bizarre que préjudiciable à nos intérêts, il ne peut pas même encore recevoir ni donner asyle aux plus petites Frégates armées.

Le mal est fait; il n'est peut-être pas irréparable.

Lorsque les circonstances & les facultés de la Nation lui ont permis de s'occuper sérieusement de Cherbourg, au lieu de commencer par un Port & des Bassins dans la Fosse du Gallet & le Pré-du-Roi, qui, en tems de guerre, auroient offert un refuge aux Vaisseaux de l'Empire, & donné la faculté de les réparer; on a voulu fermer la Rade, opération par laquelle on auroit dû finir.

Il est nécessaire, Messieurs, de vous donner une idée des divers projets qui ont été présentés à l'ancien Gouvernement, pour vous mettre en état de juger de leur utilité, de reconnoître si celui auquel on s'est arrêté étoit assez mûri; si les avantages & les inconvéniens qu'il offroit avoient été bien réfléchis, bien calculés, bien combinés; s'il n'auroit pas été plus économique, plus avantageux de se fixer à un autre; si, enfin, on a employé les moyens les plus simples, les plus solides pour arriver au but qu'on s'en promettoit.

C'est d'après cet examen rapide que vous jugerez peut-être nécessaire d'ordonner une visite exacte de ce qui est fait, par une commission impartiale, prise hors du sein de l'Administration meurtrière qui, jusqu'ici, a coopéré à ces travaux; & de vous faire présenter un rapport assez exact sur l'état des choses, de l'utilité de suivre ce qui est commencé, ou d'opérer sur d'autres principes, sur d'autres bâses, avant d'accorder aucun fonds; qu'on s'est toujours plus inquiété d'obtenir qu'à vous instruire.

Le tems est passé où des Ministres, aveugles ou trompés, ou d'orgueilleux Courtisans, considérant bien plus leur intérêt personnel, leur amour-propre & une gloire chimérique, sacrifioient la sueur des Peuples à l'horrible manie d'obtenir de la célébrité : le tems est passé où ces prétendus grands, qui ne sont plus que des hommes très-ordinaires, usoient du crédit que leur donnoit leur rang & leurs places pour faire recevoir & exécuter des projets insensés..... La Nation, éclairée sur ses véritables intérêts, doit suivre d'autres bâses. Plus économe de ses facultés, de ses ressources, de ses moyens; elle ne doit en faire usage que pour le bien général.

La nécessité d'avoir un refuge dans la Manche pour pouvoir y stationner les Escadres de la Nation, protéger nos côtes, interrompre le commerce de l'ennemi, le tenir dans la crainte continuelle d'une descente dans son propre pays, faire des diversions avantageuses & rendre la guerre maritime plus égale, a déterminé l'ancien Gouvernement à choisir au centre de cette mer, qu'on vouloit, avec raison, partager avec l'Angleterre, un point qui remplisse toutes ces conditions.

Cherbourg, situé au centre de la Manche, joignant à l'avantage d'un Port marchand, celui d'une bonne Rade, présentant d'ailleurs une position imposante, a été préféré à tout autre point.

Ce choix une fois décidé d'une manière solide & par des motifs incontestables; les idées se sont agrandies.

La Rade, bien défendue par sa droite & par sa gauche par le superbe Fort-d'Artois, communiquant avec la terre, & par le non moins superbe Fort-Royal sur l'Ile Pelée, parut devoir être augmentée de toute l'anse Sainte-Anne, en appuyant sa gauche au fort de Querqueville. Au lieu d'un refuge pour 25 à 30 Vaisseaux que donnoit la nature, on proposa un espace fermé qui en contiendroit 75 à 80.

Des plans spécieux présentèrent ce vaste projet. L'œil séduit voyoit déjà les flottes Françoises déployées dans cette Rade.

Ce n'étoit plus un refuge qu'on vouloit; ce n'étoit plus des Escadres légères, à l'abri de quelques Forts, où prenant leur asyle dans un bassin : on se figura toutes les forces maritimes de France à couvert de l'ennemi, ou du mauvais tems, derrière des môles hérissés de batteries & impénétrables.

Le desir d'effectuer une si vaste entreprise en persuada la facilité : il ne fut plus question que du choix des différens projets présentés pour son exécution.

Il y en eut successivement trois.

Le premier projet, donné en 1777, étoit celui de Bateaux-Caisses de 80 pieds de longueur sur 55 de hauteur, qui devoient être maçonnés à terre, flottés & transportés au point central de la Rade, entre l'isle Pelée & le Fort-d'Artois, où l'on vouloit établir une isle factice sur laquelle on auroit bâti un fort, pour servir de défensive à la rade, dans le cas où l'on ne se seroit pas arrêté au projet des môles.

Le deuxiéme projet, adopté en 1780, étoit de jetter des pierres perdues sur toute la longueur des môles projettés qui formeroient elles-mêmes leur base, jusqu'à la hauteur de la laisse de basse mer de vive-eau; & lorsqu'on seroit arrivé à

A 4

cette hauteur, on devoit achever son élévation en maçonnerie de pierre de taille avec un grand talus extérieur & un beaucoup moindre intérieur.

Le troisiéme enfin, celui qui a été accepté, est celui des caisses côniques; le plus incertain, le plus coûteux, le plus désastreux de tous.

Essayé trop tard en 1783, on le reprit avec plus d'activité & de plus grands moyens en 1784. Les procès-verbaux, qui ont dû être dressés, ont sans doute constaté les vices de ce projet, malheureusement trop célèbre par le voyage & la comédie qu'on a fait jouer à Louis XVI, lors de l'immersion des premiers cônes. Mais ce qui paroîtra plus qu'étonnant, c'est que les difficultés multipliées par l'expérience, n'ont pas empêché de continuer ces caisses côniques, qui ont occasionné une dépense de six millions en pure perte.

Avant de passer au détail des erreurs & des folles dépenses qui ont été la suite de la ténacité à un projet irréfléchi autant qu'extravagant & impraticable, il est nécessaire de vous ramener au point où l'on eut dû se fixer d'abord, si l'on eut eu, de bonne foi, la volonté de nous procurer un refuge dans la manche, dans le cas où les dispositions hostiles de nos ennemis, qui y ont de bons & vastes ports, nous eussent obligés d'y entretenir des escadres.

Au moment où l'on étoit entousiasmé des cônes, il eût été inutile de parler du projet salutaire d'établissement d'un bassin. Le despotisme de la maison d'Harcour; l'intrigue d'un homme qui dirige encore les travaux; les vues intéressées d'une administration aussi nombreuse qu'inutile, auroient fermé la bouche à quel homme qui se fût présenté, même au plus impartial : qui sait même si le pouvoir arbitraire & despotique dont cette administration a été investie, ne se fût pas porté à des excès fâcheux contre ceux qui auroient osé dire des vérités qu'on ne vouloit pas entendre.

Je passe donc à la nécessité de creuser un bassin pour les vaisseaux de guerre qui pourroient venir stationner dans la Manche, parce que les travaux déja faits ne dispenseront peut-être pas de s'en procurer un : en voici les raisons.

Les vaisseaux destinés à ce service, n'étant qu'à dix-huit lieues du principal port de guerre des Anglois, naviguant dans une mer courte, étroite & dangereuse, toujours chargés d'une besogne offensive, exposés à des combats plus fréquens, auront souvent besoin de radoub, à chaque avarie qu'ils essuyeront ou des élémens ou de l'ennemi : il faut donc qu'ils trouvent un bassin où ils puissent se réparer. Ils ne pourroient pas retourner à Brest; car, outre qu'ils risqueroient dans cette traversée, on les perdroit au moins pour toute la campagne dans la Manche : ils ne pourroient pas non plus se radouber sur la rade. Ainsi non-seulement ces travaux ne dispensent pas de creufer un bassin sur un des côtés de la rade, mais au contraire ils en augmentent la nécessité.

L'enthousiasme n'est plus universel en faveur de la fermeture de la rade, quoiqu'on cherche par toutes sortes de moyens, plus insidieux les uns que les autres, à vous en faire adopter le prétendu avantage; qu'on ait même exclu toute idée de port, en disant qu'il ne falloit qu'une rade dans la Manche. . . . . Le prestige est dissipé. La fausseté des hypothèses, sur lesquelles on se fondoit alors, n'est malheureusement que trop justifiée. Le problème étoit contrarié par la nature, & l'exécution a porté dans les esprits une conviction qui, pour vous être cachée, n'en est pas moins de nature à vous faire faire de sérieuses réflexions.

Ainsi, Messieurs, pour ne pas totalement perdre vingt-huit millions, sacrifiés sans fruit; quoique la position des choses soit extrêmement fâcheuse; quoiqu'il ne soit plus possible de penser aux avantages que présentoit le premier projet qui, seul des trois, pouvoit convenir sous tous les rapports, en s'attachant à tirer le plus de parti possible de la situation actuelle de la rade, il faudra peut-être en revenir à un bassin.

Après avoir cherché à surmonter les difficultés naturelles & morales, après avoir creusé la profondeur de l'abîme dans lequel on s'étoit plongé inconsidérément, on est enfin revenu de l'engouement des cônes.

Il fallut leur substituer un autre mode : on imagina des digues en pierre perdue ; & cette nouvelle méthode, qui devoit jetter dans d'autres inconvéniens, a été suivie avec plus de chaleur encore, s'il est possible.

L'embarras des finances n'a pas même été un obstacle : de sorte que si on admettoit certains projets, présentés même dans ce moment, on s'exposeroit à perdre, avec une rade qui étoit bonne, tous les millions qu'on y engloutiroit ; & il ne résteroit, de ces immenses travaux, que la honte & le regret de les avoir entrepris.

Les digues une fois commencées, on ne s'est pas plus embarrassé de leur bonne ou mauvaise direction qu'on ne s'étoit embarrassé de la solidité des cônes. Dans l'un & l'autre mode, il semble qu'une première école n'ait servi qu'à en faire faire une seconde. L'argent s'obtenoit avec la plus grande facilité ; on n'étoit embarrassé, comme vous le verrez dans l'examen de la dépense, que de la manière de le consommer : bonne ou mauvaise, cela étoit égal à une Administration qui ne vouloit ni reconnoître ses erreurs, ni revenir sur ses pas, qui n'avoit pas même pris la précaution de faire sonder la rade, pour s'assurer, avant toute opération, de sa capacité, & si le mouillage pouvoit se faire sans aucun danger.

Le croiriez-vous, Méssieurs, ce ne fut qu'en 1789, après avoir dépensé près de vingt-deux millions, & je ne sais encore par quel hasard, on s'avisa de réfléchir qu'on avoit fait beaucoup de sottises, qu'il seroit possible qu'au lieu d'être profitables à l'Etat, les ouvrages exécutés pourroient lui nuire comme ils avoient nui à ses finances; alors, seulement, on convint d'une vérification, on sentit la nécessité de sonder la rade : le Ministre réfléchissant lui-même sur les dangers de sa facilité, eut honte de s'être trop légérement livré aux insinuations des Régulateurs des Administrateurs de ces travaux.

Mais ceux-ci n'en entreprirent pas moins de justifier leur conduite; & ce qui vous paroîtra révoltant, Messieurs, c'est que, s'agissant de nommer des Commissaires pour vérifier le fond de cette rade, deux & même trois ont été pris parmi les membres de l'Administration, & qu'un seul fut envoyé par le Ministre.

Il est résulté des opérations de ces Commissaires deux plans opposés : l'un s'attachant à couvrir les sottises & les bévues de l'Administration, & l'autre dévoilant l'inutilité d'un travail mal conçu, perfidement exécuté, & faisant toucher au doigt la perte d'une belle rade, absolument gâtée par les spéculations d'une Administration inepte, intéressée &, peut-être, malveillante.

Vous croiriez peut-être, Messieurs, qu'après avoir ainsi mis au jour la nécessité de prendre des mesures pour tirer quelque parti des ouvrages faits, on s'est attaché à en corriger les défauts, à travailler sur de nouvelles bases, sur de nouveaux plans: ne vous y trompez pas. On a obtenu de nouveaux fonds, on a continué le travail; jusqu'à ce qu'enfin un nouvel ordre de choses ne permettant plus au Ministre de se laisser aller à sa facilité ordinaire, on fut obligé d'avoir recours à l'Assemblée Nationale. L'on s'y est agité de nouveau; l'on y a employé de nouvelles manœuvres, de nouveaux mensonges pour tromper le Comité de Marine, & extorquer le Décret du 12 Mai dernier qui accorde provisoirement 150,000 liv. en persuadant, contre la vérité, que les ouvrages étoient finis, & qu'ils n'avoient besoin que d'être entretenus, tandis qu'ils ne sont pas à la moitié de leur perfection. On intrigue même encore, dans ce moment, pour tâcher de perpétuer une Administration vicieuse, très-chèrement & très-inutilement payée, & obtenir de nouveaux fonds.

Après avoir ainsi jetté un coup-d'œil rapide sur l'ensemble des projets, sur leur nature, sur l'immoralité de l'Administration actuelle des travaux de Cherbourg, il est nécessaire de vous entretenir des horribles déprédations dont cette Administration s'est rendue coupable dans l'exécution; du peu de précautions qu'elle a prises pour observer les formes dans l'adjudication des ouvrages principaux & accessoires qui, pour la plupart, n'ont été passées qu'après l'exécution, & dont la dépense prétendue économique, déterminoit le prix, enfin, de la dilapidation énorme qui en est résultée.

Avant de passer à l'examen des dépenses, je vous supplie, Messieurs, de vouloir bien me permettre quelques observations sur votre décret du 12 mai dernier, par lequel vous accordez provisoirement 150,000 liv. pour les travaux de la Rade. Ces observations m'ont été suggérées par la lecture de celui que vous avez rendu le 28 du même mois, relativement aux travaux de Dieppe.

En comparant ces deux Décret, je n'ai pu qu'être frappé de leur différence.

Les circonstances étoient cependant les mêmes.

Même incertitude sur la possibilité de leur exécution, même diversité d'opinions & de projets sur le mode à suivre pour en applanir les difficultés, pour en assurer la réussite.

Est-ce parce que les ouvrages de Cherbourg sont beaucoup plus importans, qu'on les a traité plus légèrement ? Je ne le pense pas.

Je n'en chercherai pas la raison au sein de l'Assemblée Nationale; elle n'a eu, elle ne peut avoir d'autre intérêt que celui du bien général ; ce sera dans le sein même de l'administration aux soins de laquelle la conduite de ces travaux étoit confiée.

Ne croyez pas, Messieurs, qu'en portant le

flambeau de la vérité dans les nuages épais dont on vous a enveloppé jufqu'ici, je cherche à provoquer le découragement, à déterminer l'abandon des travaux de Cherbourg. On peut encore en tirer le plus grand parti. Provoquer un examen plus approfondi, & fur le mode d'exécution à fuivre, & fur la quotité des fonds à y appliquer: c'eft le feul but que je me fuis propofé.

On me dira, fans doute, qu'on n'a rien préjugé par le décret du 12 Mai, que la modicité de la fomme de 150,000 livres prouve affez qu'elle n'a été accordée qu'aux follicitations réitérées du département de la Manche, pour employer utilement la claffe de fes ouvriers.

Ce motif eft digne de votre tendre follicitude ; mais je me fuis impofé la tâche de vous prouver qu'il n'eft pas parfaitement rempli.

Sans chercher à dénoncer, ni à compromettre les individus, je releverai d'abord les erreurs que plufieurs d'entr'eux ont commifes, & qu'ils ont voulu vous diffimuler. Pour mieux établir ces erreurs, je vous ferai des calculs qui ne pourront être démentis par ceux même que je combats.

J'ai déjà eu l'honneur de vous dire que de trois projets préfentés, celui des cônes a obtenu la préférence.

Suivant le fyftême d'exécution de ce dernier projet, la rade devoit être fermée au moyen des cônes coulés bâfe-à-bâfe & remplis de pierres.

Ces cônes devoient être consolidés au moyen d'enrochemens au pourtour, & de petites digues en pierre séche qu'on devoit placer entre chaque espace intermédiaire.

Le peu de succès de ces cônes, suffisamment démontré depuis le commencement de l'ouvrage, auroit du en déterminer, sur le champ, l'abandon. On en a néanmoins construit vingt-un, dont dix-huit ont été coulés & sont actuellement récepés au niveau des basses mers ; de ce nombre une grande partie ont été rompus par la mer, ce qui a déterminé à recéper ceux qui restoient pour leur éviter le même malheur. On en a même mâçonné deux intérieurement depuis la laisse de basse mer jusqu'à leur couronnement, en pozolane & moëllon, dont un, contre les défenses du Ministre, qu'on a été forcé de payer aux entrepreneurs, & qui tous deux, peu de temps après, furent totalement brisés par l'effort de la mer. Ils ont occasionné une dépense effective & en pure perte de quatre millions sept-cent-cinquante-mille quatre cent trente-cinq livres dix sols.

Les calculs que je vais vous présenter ont été soigneusement relevés sur les pièces de dépense : j'en ai fait faire un bordereau général que je joins ici, & qui pourroit être consulté dans le cas de doute.

Les cônes ne pouvant donc se soutenir, on imagina

imagina de les remplacer par des digues. Le verfement des pierres pour leur formation a coûté quatorze millions huit-cents-foixante-trois mille cinq-cents-quarante-huit livres.

Une partie des dépenfes acceffoires en bâtimens & réparations, reviennent à deux-cents-quarante-fept mille fix-cents-foixante trois livres, dont cent-vingt-trois mille huit-cents-vingt-une livres dix fols en pure perte.

Il falloit un embarquadaire au Becquet pour le chargement des pierres, qu'on devoit tranfporter en rade, pour former des digues.

Au lieu de conftruire ce port provifoire avec quelques folidité, en y employant de groffes pierres, on l'a fait deux fois en moëllons, une troifiéme fois en bois & moëllons, & toujours il a été culbuté par les gros temps. Il n'offre plus que des ruines ; 795 mille 223 livres qu'on y a employées font abfolument perdues, pour n'avoir pas voulu choifir un emplacement plus convenable, un autre mode d'exécution que celui auquel les adminiftrateurs s'étoient fixés d'abord. Tandis qu'avec le quart de cette fomme, on eut fait un port en groffes pierres à chaux & ciment qui auroit duré des fiécles.

D'où il réfulte qu'enfuite d'un examen bien réfléchi, & de calculs très-exacts, on a confommé :

1° En ouvrages effectifs, fufceptibles de per-

fection & qui semblent promettre
de la solidité. 15,675,030

2° En cônes & autres ouvrages
totalement perdus. 5,688,491

3° En objets qu'on suppose devoir rentrer, mais qui ne l'étant point encore, doivent être compris dans la dépense. 492,091

Et au total une somme de . 21,855,612

Ajoutons à cette somme les objets étrangers à la rade, mais exécutés sur les mêmes fonds, sans plus d'utilité, & détaillés dans le bordereau qui est ci-joint, montant à . . . 675,141

Nous aurons un total général de la dépense, depuis le premier octobre 1784, jusqu'au premier septembre 1789, tant en pure perte qu'en ouvrages effectifs, de. . . 22,530,853

Les réparations faites à l'Abbaye, servant de logement à la maison d'Harcourt, ne sont portés, dans ce total, qu'à 130 mille 557 livres parce que l'Administration n'a osé les employer en dépense que pour cette somme, mais elles n'ont pas moins coûté, à la connoissance de tout le pays, plus 400 mille livres qu'on a masquées en les faisant passer dans les toisés d'autres ouvrages.

Et comme il a été versé au 31 Décembre 1790, dans la caisse des travaux, une somme de . . . 27,889,701

L'Administration doit rendre compte ou répondre de celle de . 5,358,848

Or comment vous justifier l'emploi d'une somme aussi énorme ? Il faut le dire : Elle a été consommée ; 1° Dans les immenses traitemens, honoraires, gratifications, frais de voyages accordés aux membres de cette Administration.

2° Dans les dépenses préparatoires faites dans l'année 1783, jusqu'au premier Octobre 1784.

Et 3° dans celles faites du premier Septembre 1789, au 31 Décembre 1790, déduction faite néanmoins des pierres versées en rade, qui déjà ont été portées en totalité dans la dépense des 22 millions 530 mille 853 livres.

Comme d'après ces calculs, vous ne seriez peut-être pas à portée, Messieurs, d'apprécier les erreurs qui ont été commises dans l'exécution de cet ouvrage ; je vais vous en faire le détail, & vous démontrer combien il est dangereux, pour un Gouvernement, de ne pas placer les individus en raison de leurs connoissances & de leurs lumières.

B 2

En vain m'objectera-t-on qu'on avoit donné au chef suprême de cette Administration, (le ci-devant duc d'Harcourt) des gens de l'art, pour lui servir de conseil; si la nécessité les y avoient appellés, la cabale & l'envie les en ont bientôt éloignés, sinon, en totalité, du moins, ceux qu'une vertu trop ferme & trop sévère empêchoit de se prêter aux vues particulières de chaque parti.

Il ne sera pas inutile de vous dire, Messieurs, qu'il y en avoit trois.

Le premier défendoit le mode de construction, au moyen des cônes (1); le second soutenoit, avec plus de justice, le système des digues, en pierre sèche (2); le troisième enfin, celui des artistes honnêtes & éclairés, moins contraire au système des digues, qu'à celui des cônes, vouloit qu'on cherchât à rendre le second système plus parfait (3). Il vouloit le bien; mais il étoit le plus foible; les deux partis se réunirent contre lui : ils trouvèrent qu'il étoit honteux de lui céder; &, malgré la justice de sa cause, il fut accablé. Delà, les faux pas sans nombre & les dilapidations qui en ont été la suite.

Ce seroit bien ici l'occasion de nommer les membres qui composoient ce dernier parti; mais il faudroit, en usant de réciprocité, nommer ceux

---

(1) L'Auteur des cônes.
(2) L'Auteur des digues.
(3) L'Auteur des bateaux-caisses.

des deux autres. Or, comme il n'y a pas toujours du bien à en dire, & que je ne veux point imiter le fieur Lafauffe, auteur de deux lettres fur les travaux de Cherbourg, qui ne défigne que deux individus de cette Adminiftration, comme coupables, tandis qu'il en auroit trouvé bien d'autres, je me contenterai de dire aux gens honnêtes du dernier parti : c'eft affez pour vous du bon témoignage de votre confcience, Et à ceux des deux autres : vous êtes affez punis par la voix déchirante du remord & la crainte qu'il doit vous infpirer.

En effet, Meffieurs, il ne faut que jetter les yeux fur les calculs que je tiens à la main, pour fe convaincre que l'opiniâtreté du premier parti à pourfuivre l'exécution des travaux de la rade au moyen des cônes infolides, a inutilement fait dépenfer, à l'Etat, une fomme de 4 millions 753 mille 435 livres 10 fous. Il ne peut pas même alléguer, pour fa juftification, l'inexpérience d'un mode encore non ufité & dont on ne pouvoit prévoir le réfultat, parce que j'ai entre les mains, un mémoire de fon propre fait, qui le condamne.

Voici comment il s'y explique :

« *L'exécution de ce projet fut ordonnée en 1782,*
» *commencée en 1783 ; & l'on plaça, en 1784,*
» *deux cônes, bâfe à bâfe, dont un a reçu un*
» *échec,* (pour être jufte, il falloit dire qu'il

» a été brisé) par le coup de vent du 18 Août
» de la même année ».

Cette seule expérience devoit donc prouver l'insolidité de ce mode, engager dès ce moment à le changer, parce que, si ce cône, quoique défendu du choc de la mer par l'isle Pelée, n'avoit pu y résister, il y avoit lieu, il étoit même vrai, de croire que ceux coulés plus au large résisteroient d'autant moins à l'impétuosité de la mer, qu'ils s'éloigneroient davantage de cette isle protectrice : c'est ce que l'expérience a prouvé.

Et, pour d'autant plus vous convaincre, Messieurs, que les écueils & les défaites ne rebutoient pas le premier parti, je vais vous citer une seconde phrase de son mémoire, où il dit : « *qu'à l'époque de cet accident, on demandoit* » (l'Administration en général) *que les travaux* » *fussent accélérés, le plus possible.*

Excellent moyen, comme vous le voyez, Messieurs, pour atteindre la perfection dans l'exécution d'un ouvrage pour lequel l'art est insuffisant, dont on ne peut assurer le mode qu'en suivant les résultats de l'expérience, vérité que M. Bureau de Puzy a parfaitement sentie, lorsqu'il a dit au sujet de ces travaux, dans son projet de décret sur les places de guerre & ports militaires. « *Moins de précipitation, un examen* » *plus réfléchi, eussent épargné des sommes con-* » *sidérables, perdues pour l'établissement de ces*

» cônes, dont on a eu tant de peine à reconnoître
» l'inutilité ».

Il eût effectivement été à desirer qu'on mît moins d'entêtement & de persévérance dans l'emploi de ces cônes insolides. La chûte d'un des deux premiers, dont on convient avec une franchise qui me surprend, devoit en déterminer l'abandon : on n'auroit dépensé, en pure perte, que 453 mille 378 livres, au lieu de 4 millions 753 mille 435 livres. Une telle école eût été pardonnable en ce qu'elle étoit, pour ainsi dire, inévitable dans un genre de travail pour lequel on n'avoit pas de données par l'art, ni de modèle à suivre ; mais une école qui coûte 4,753,435 livres à l'Etat, par le pur entêtement d'un parti, nous osons vous le dire, Messieurs, avec la franchise d'un Citoyen attaché aux intérêts de sa Patrie, un tel entêtement devroit être puni avec la plus juste, comme la plus grande sévérité.

Pour vous prouver, Messieurs, combien on en mettoit, combien on traitoit ces cônes, en enfans gâtés, combien on s'en dissimule les défauts, je vais transcrire encore les expressions du premier parti dans le même mémoire.

» *Dans la vue de seconder les desirs du Gou-*
» *vernement ; (c'est-à-dire, les desirs de l'Admi-*
» *nistration à laquelle le Ministre ne pouvoit re-*
» *fuser sa signature) je proposai de placer les cônes*
» *à cinquante toises de distance, de centre en*

» *centre , & de construire, pour essai seulement,*
» *dans le premier intervalle, ou l'emplacement du*
» *cône avarié, une digue en pierres perdues,*
» *dont la longueur ne devoit être que de trente*
» *toises.*

» *Sur ma demande il fut arrêté, au Comité*
» *du 23 Décembre* 1784, *que l'on commenceroit*
» *cette digue; qu'elle serviroit d'expérience pour*
» *se déterminer, ou pour en construire de sem-*
» *blables dans les autres intervalles, ou pour*
» *les remplir par des cônes, ressource* (excellente)
» *que je m'étois ménagée, en fixant leur distance ».*

A la lecture de ces deux paragraphes, il n'est pas difficile de s'appercevoir que l'amour paternel du premier parti commence à céder au second; mais c'est avec bien de la peine; car la proposition d'espacer les cônes de cinquante toises de distance, de centre en centre, n'étoit qu'un amendement proposé pour ne point avouer une défaite complette : aussi se prête-t-il difficilement à l'expérience proposée par le second parti. Il n'a point l'air de croire à la réussite de cette digue proposée; & toujours il conserve l'espoir de noyer tous ses enfans ! Quelle barbarie désastreuse ! Puisqu'elle a coûté à l'Etat, en déduisant la somme de 453,378 livres que je passe pour la première école que j'ai considérée comme inévitable, celle de 4 millions 300 mille 057 liv.

Une erreur assez majeure, qu'on peut encore

ajouter à celle des cônes, est la construction & réparation du port du Becquet, dont la ruine est actuellement totale, & qui se trouve avoir coûté, d'après le calcul du bordereau ci-joint, & dont j'ai déjà parlé, une somme de 795 mille 223 livres, tandis qu'il n'auroit dû coûter au plus que 219 mille 2 liv. Si ce premier parti eut mis dans cette construction, autant de sagesse, d'intelligence & d'économie que l'Entrepreneur général en a apporté dans la construction de celui qu'il a fait éxécuter au Cap-Lévi, pour son compte particulier. On peut en voir le parallèle dans le même bordereau de dépense.

Ces détails peuvent vous paroître froids & minutieux; mais, lorsqu'il s'agit des intérêts de la Patrie que l'on a compromis, & qu'on semble vouloir encore compromettre, il est du devoir d'un bon Citoyen d'en prévenir ceux qui doivent les défendre.

Je crois avoir assez démontré les erreurs du premier parti. Je vais examiner, avec la même impartialité, celles du second. Je ne puis l'excuser; mais je n'improuve cependant pas entièrement le mode d'exécution que je discuterai en son lieu.

De tous les reproches fondés qu'on peut faire à ce second parti, le plus grave, le plus justement mérité, c'est la légèreté avec laquelle on a assis ce projet, sans avoir préalablement pris une connoissance exacte de la nature du fond de la rade, sans s'être assûré des hauteurs d'eau.

Je dois vous le dire, Messieurs, pour ces renseignemens de première nécessité, on s'en est rapporté à un ancien plan, fait en 1773, par M. de Bavre, dont l'inexactitude fut reconnue, dès l'immersion du premier cône.

Diroit-on pour se justifier qu'on croyoit l'avoir assis sur un rocher ou sur un sol plus élevé que la ligne sur laquelle on vouloit diriger le projet? Je répondrois à cela que, toutes les fois qu'il s'agit d'une exécution aussi majeure, même d'une exécution quelconque, il ne faut pas partir d'après des conjectures ; mais bien d'après des opérations faites en grand & souvent répétées pour s'assûrer de leur exactitude. En un mot, il falloit faire les sondes avant de rien entreprendre. On les a malheureusement exécutées trop tard: elles eussent donné une connoissance parfaite de la qualité des fonds, du mouillage & des véritables profondeurs : elles eussent déterminé le second parti à exécuter, sans crainte, le projet arrêté en 1783, de porter les digues plus au large, afin d'obtenir une plus grande capacité, un meilleur mouillage, & des passes plus sûres & plus praticables : elles l'eussent engagé enfin à se concerter avec les Ingénieurs militaires pour leur défense. Cette réunion eût été du plus grand avantage pour l'ensemble du projet & sa bonne exécution.

Mais le peu d'accord des deux partis, la sécurité avec laquelle on opéroit sans renseignemens, sans même aucune opération préalable, ont manqué de rendre la meilleur passe, du côté de Querqueville, totalement impraticable. Je ne puis à cet égard, Messieurs, me défendre d'un mouvement d'indignation : une bonne, une excellente Rade a failli être fermée pour toujours à tous les vaisseaux de l'Etat, si, comme on en avoit le dessein, les trois cônes, qui restoient sur le chantier, eussent été coulés. Heureusement le hasard, suppléant au défaut de prévoyance, a découvert une roche dans le milieu de cette passe qui déjà étoit à la connoissance des Chefs de l'administration, découverte qu'ils avoient la perfidie de cacher, & qui en a empêché la fatale immersion.

Le second reproche fondé & très-essentiel tombe sur la célérité dangereuse avec laquelle on a exécuté un ouvrage si important, sans en avoir combiné toutes les parties, sans avoir étudié les résultats des effets de la mer, sur une partie de digue, improprement appellée *digue d'épreuve & d'expérience*, puisqu'on n'a nullement profité des révolutions, des avaries inévitables qu'elle a éprouvées dans différents coups de vents, puisqu'enfin on a continué le même mode d'exécution, qui sans être absolument vicieux, avoit néanmoins besoin d'être perfectionné.

En effet, si l'on eût attendu le résultat des différentes variations que cette partie de digue devoit & a effectivement éprouvé, on se seroit apperçu, ainsi qu'on l'a fait, mais trop tard, qu'il étoit avantageux d'en porter la suite plus au large du côté du Nord, afin que les matériaux, par le choc de la mer, venant à se retrousser & passant par dessus le sommet de la digue, ne vinsent pas diminuer encore la capacité de la Rade, que le défaut d'opérations préliminaires n'avoit déjà que trop rétrécie. On s'étonne même que pour opposer plus de résistance, on n'ait pas eu la précaution, à fur & mesure que les digues s'exhaussoient, de faire jetter de grosses pierres libages. De cette manière, on en eût garanti le couronnement, au lieu que les pierres ordinaires devoient céder, comme elles l'ont fait, à l'effort continuel des vagues.

Pour prouver la vérité de ce que j'avance, je vais encore me servir des expressions d'un des membres de cette administration.

Voici comme il s'explique à cet égard :

« Le desir d'une prompte jouissance, toute in-
» certaine qu'elle étoit, a conduit à éloigner les
» cônes, de quarante, cinquante, soixante, cent
» trente, cent quarante-une (1) toises les uns des
» autres. Les digues intermédiaires, fixées dans

---

(1) L'auteur du Mémoire eût pu ajouter, pour être conforme à la vérité, qu'on a porté cet éloignement à deux cents dix, deux cents trente-deux & même jusqu'à deux cents soixante-cinq toises.

» leur origine à trente toises, ont été allongées &
» commencées dans huit des intervalles.

» A la fin de la campagne de 1785, on avoit
» achevé une de ces digues : son sommet de quatre-
» vingt-seize pieds de largeur avoit été regalé au
» niveau des basses mers de vive-eau.

» Le 6 Novembre de la même année, un coup
» de vent de six heures, en jettant, du Nord au
» Sud, quatre mille toises cubes de pierres, forma
» du côté du large des talus de sept à dix de
» base sur une de hauteur. »

Or, Messieurs, dès 1785, on convient donc avoir reconnu que les premiers talus, qui n'étoient guères que ceux que prennent des matériaux jettés, étoient insuffisans, & qu'ils ne s'augmentoient qu'aux dépens de la capicité de la Rade, puisqu'on convient ici que, dès le premier coup de vent, quatre mille toises y furent jettées intérieurement.

N'étoit-il pas prudent d'attendre encore l'effet de plusieurs tempêtes, afin de se déterminer à jetter les matériaux plus au large, au lieu de ne le faire qu'en 1787, après que ces révolutions répétées avoient rétréci la rade de quelques toises, & dans l'emplacement encore du meilleur mouillage & des plus grandes profondeurs?

Je crois vous avoir suffisamment prouvé, qu'une trop grande précipitation, trop de négligence dans les opérations d'absolue nécessité, avoient nui au dégré de perfection dont le projet des digues étoit susceptible.

Voyons maintenant en parcourant le tableau des dépenses, si je n'y trouverai pas des sommes qu'on auroit pu épargner à l'Etat : car, ainsi que j'approuve le mode d'exécution du second parti, j'aurois désiré pouvoir approuver toutes les dépenses qu'il a occasionnées ; mais, malheureusement pour lui, je me suis fait un devoir d'être vrai, & je le serai autant qu'impartial.

Deux causes principales ont donné lieu à ces dépenses en pure perte.

La première est le trop grand nombre d'individus inutiles dont cette administration étoit composée ; &, sur cet article seul, on auroit pu faire au moins une épargne de deux millions.

La seconde est l'indiscrétion & la précipitation avec laquelle on a appellé des troupes à l'exécution de ces travaux, tandis que le pays de Cherbourg & limitrophes, pouvoient fournir assez de bras. Cette précipitation, vice habituel de l'administration, a été non-seulement nuisible au bien général de l'ouvrage, à l'intérêt des Entrepreneurs, qu'elle a contraint de payer à ces troupes plus qu'ils ne payoient aux ouvriers du pays, outre la poudre des mines qui leur a été fournie en sus de leur marché ; avantage dont n'ont pas joui les autres ouvriers qui avoient des familles à soutenir ; mais encore cette précipitation, qu'on ne sauroit trop lui reprocher, a inutilement fait dépenser au Gouvernement une somme de 198 mille 874 livres, pour les objets détaillés dans le borderau, qui n'eussent point eu lieu, si cette administration eût mis dans sa conduite toute la sagesse & l'économie qu'on avoit droit d'en attendre.

Si je joins à ces deux causes une route qu'on a exécutée à Querqueville, trop rapprochée de la mer, vis-à-vis de l'anse Ste-Anne, & dans une direction tout-à-fait contraire à sa destination, & la construction d'un glacis, que la mer a culbuté, mon indignation se réveille.

Je ne suis pas administrateur, je ne suis pas un homme de l'art; mais, Messieurs, il ne faut qu'avoir les premières notions du sens-commun, pour savoir qu'une route qu'on projette pour aller d'une ville à un fort, doit être couverte & éloignée de la portée du canon de l'ennemi, afin que les divers mouvemens des forces qu'on y envoye, les transports de vivres & d'artillerie, qu'on y fait passer, ne puissent être apperçus ni contrariés.

Les Ingénieurs qui projettèrent cette route, ne manquèrent pas d'apprécier une convenance aussi essentille; mais l'infernale administration des travaux la compta pour rien; & le désir criminel d'obliger un particulier riverain, ci-devant noble, dans le terrein duquel il eût été indispensable de reculer la route, pour l'éloigner de la mer, a coûté, en pure perte, plus de 30 mille livres à la Nation; de sorte que si l'on vouloit rétablir cette ronte, dans le même emplacement, il faudroit y dépenser plus de 100 mille livres.

D'où il résulte que ce dernier objet, & ceux des deux causes dont j'ai parlé, ont encore fait dépenser inutilement à l'Etat, une somme de
. . . . 2,228,874 l.

Ajoutez à cette somme celle à laquelle montent les ouvrages mal exécutés ci-devant. . . . 4,921,278

Il résulte un total effrayant de dépenses, qu'on pouvoit épargner, & qui s'élève à. 7,150,152

Joignez actuellement à cette somme de 7 millions 150 mille 152 livres, celle que j'ai annoncée, dont l'administration doit répondre 5,358,848

Il restera constant que l'administration doit justifier l'emploi ou répondre de. 12,509,000

à la diminution néanmoins de deux millions, que j'ai fait voir qu'on pouvoit au moins épargner sur les honoraires, & autres faux frais de cette administration, parce que je ne les ai porté que par anticipation sur les dépenses qu'elle doit produire, ci. . . } 2,000,000

Ce qui réduit cette somme à. . 10,509,000

Je

Je viens d'analifer la majeure partie des nombreufes erreurs de l'Adminiftration des travaux de Cherbourg : elles étoient, elles font fi palpables que leur fatal réfultat n'a pu échapper à cette Adminiftration elle-même. Elle a fenti combien il étoit important de les couvrir d'un voile myftérieux, jufqu'à ce que des circonftances plus favorables à fes dilapidations lui permiffent de les mettre au jour avec impunité. Et pour pouvoir attendre ce fortuné moment, c'eft-à-dire, le retour de cet ancien régime qui, pour le bonheur des Français, n'aura certainement pas lieu, cette Adminiftration a fait agir le fieur Meunier, que le fieur Lafauffe, auteur de deux lettres que j'ai déja citées, a fort bien peint fous la qualification « d'*Ame damnée de la maifon*
» *d'Harcourt, d'éternel faifeur de projets & d'expé-*
» *riences, impregné du venin de l'ancien régime,*
» *qui, par un de ces prodiges, monftrueux en*
» *révolution, & par la complaifance intéreffée d'une*
» *Adminiftration égoïfte, fe trouve encore aujour-*
» *d'hui le régulateur & l'interpréte de fes faux*
» *fyftèmes.* »

Inutilement je vous ferois le détail des menées aftucieufes que ce fieur Meunier a cru devoir employer pour égarer la fageffe de votre Comité de Marine ; il fuffira de vous dire, qu'il a furpris

C

sa religion, qu'il a surpris le Décret du 12 Mai, qui accorde 150 mille livres. (1)

Si ce Décret pouvoit avoir son entière exécution, il reculeroit, il empécheroit même les effets salutaires d'une vérification, que le sieur Meunier & les Administrateurs redoutent, & que le bien public exige impérieusement de votre justice.

Il est tems que le voile tombe, que les erreurs & les fausses dépenses, de l'intérêt ou de la malveillance soient mis au grand jour.

D'après tout ce que je viens de dire, & tout ce que je pourrois vous dire encore, MESSIEURS, si je ne craignois d'abuser de votre attention ; j'ai l'honneur de vous proposer le projet de Décret suivant.

---

(1) C'est sur le faux exposé qui a été fait à l'Assemblée-Nationale, *que les ouvrages de Cherbourg étoient achevés, & qu'ils n'avoient plus besoin que d'être entretenus*, quoiqu'ils ne soient au plus qu'à la moitié de leur perfection ; qu'on a surpris le Décret du 12 Mai dernier, qui accorde 150 mille livres. Ce Décret a donné lieu à des réclamations juridiques de la part de la Compagnie chargée des travaux, contre les Administrateurs. Les premiers demandent l'exécution du marché qui leur a été passé *pour l'entière perfection des ouvrages* ; les seconds excipent du Décret, dont ils font résulter cette perfection.

Il seroit peut-être nécessaire, autant que conforme à l'équité & à la justice, de prononcer par un seul & même Décret, que, toute contestation cessante, les Entrepreneurs seront tenus de présenter leurs demandes à la Commission chargée de la vérification des travaux, pour après l'examen qu'ils en auront fait, elles puissent être réglées à l'amiable ou renvoyées aux Tribunaux qui doivent en connoître.

PROJET DE DÉCRET.

L'Assemblée - Nationale, considérant qu'un de ses premiers devoirs est de veiller au sage emploi des fonds attribués à l'exécution des travaux-publics :

Considérant que cette application ne peut être sage ni avantageuse qu'autant qu'elle est faite à des travaux dont on est assuré du mode d'exécution & de la solidité :

Considérant que ceux de Cherbourg, par leur nature & leur importance pour, l'honneur du nom Français, méritent les plus grands sacrifices pour les conduire à leur perfection :

Considérant néantmoins qu'on ne peut se déterminer à de tels sacrifices, ni compter sur la réussite des digues de Cherbourg, sans qu'au préalable leur dégré d'avancement & la solidité du mode de leur exécution ayent été constatés par une vérification faite sur les lieux, afin de suppléer au défaut & à l'incertitude des renseignements qui lui ont été donnés jusqu'à ce moment :

Considérant que la somme de *cent mille livres* accordée en Décembre dernier, a été absorbée en très-grande partie par les honoraires & faux frais d'une Administration au moins irréfléchie, si elle n'est malveillante :

Considérant enfin, qu'il en seroit de même de celle de cent cinquante mille livres qu'elle a

C 2

accordée pour ces mêmes travaux, par son Décret du 12 Mai dernier, & qu'alors ces sommes ne seroient plus spécialement employées au soulagement des malheureux ouvriers, qui étoient son unique but;

DÉCRETE:

ARTICLE PREMIER.

Les 150 mille livres accordées pour la Rade de Cherbourg seront employées à la continuation du port marchand de cette ville, dont la perfection lui seroit non seulement très-avantageuse, mais devient encore indispensable pour le service & le ravitaillement des flottes de la Nation, lorsque sa Rade seroit en état de les contenir.

I I.

Quant aux travaux de la Rade, qui sont de la plus grande importance, & sur lesquels on n'a pu obtenir encore des notions suffisantes, il y sera suppléé au moyen d'une vérification contradictoirement faite, le plus tôt possible, par une Commission composée, exclusivement à l'administration actuelle, d'Officiers de la marine & d'Ingénieurs militaires, qui seront choisis & nommés par le Directoire du Département de la Manche, à laquelle Commission tous les plans & sondes de la Rade seront remis par cette administration.

I I I.

Cette Commission entendra en présence, de deux membres du Conseil du Département, de deux membres du District de Cherbourg, & de deux de la Municipalité de la même ville, non seulement les marins & habitans de ladite ville, mais un certain nombre de Capitaines de navire de différens ports voisins, qui seront appellés à cet effet, dans les observations qu'ils pourroient avoir à faire.

I V.

Il sera dressé procès-verbal de l'état des choses, des différens dires & observations, afin que sur le rapport que la Commission fera, le Corps Législatif puisse décider si les travaux de cette Rade seront invariablement continués avec activité, ou si, d'après ce nouvel examen, ils seront définitivement abandonnés.

V.

Les travaux de la Rade demeurent suspendus jusqu'au résultat du rapport ordonné par le présent Décret.

V I.

L'administration actuelle des travaux sera tenue durant cette opération de justifier, d'une manière satisfaisante, de l'emploi des fonds qui lui ont été confiés.

VII.

Renvoie au pouvoir exécutif & à la responsabilité du Ministre, dans le département duquel se trouvent les travaux de Cherbourg, le soin de licencier les Administrateurs & Commis inutiles.

VIII.

Toutes demandes & réclamations d'Entrepreneurs ou autres, pour l'objet des travaux, seront faites devant les Commissaires ci-dessus, qui en feront l'examen, les régleront à l'amiable, s'il est possible, ou les renverront devant les Tribunaux qui en doivent connoître.

1791.

BORDEREAU
DES DÉPENSES
DES TRAVAUX DE CHERBOURG.

PREMIER PARTI.

	Sommes censées devoir rentrer.	Sommes perdues.	Prix de l'Ouvrage effectif & qui a le plus de solidité.
Détail d'un Cône non rempli.			
Bois & Fer....................	....	134,614 ″	
Main d'œuvre..................	....	64,586 ″	
Prix moyen pour un	....	199,200 ″	
Les 21°, à ce prix, ont coûté............	....	4,183,200 ″	
Les 3 qui n'ont point été coulés ont été vendus environ.	....	30,000 ″	
Dépense effective, mais perdue......	....	4,153,200 ″	
A laquelle il faut ajouter celle de leur entretien, de la construction & réparations des pontons cylindriques ou tonnes qui servoient à leur flotaison.	....	104,277 ″	
Autres main-d'œuvre de boulons & fers ouvrés qui viennent se présenter ici, je ne sais pourquoi, dont on instruira sans doute..	....	127,699 ″	
Total................	....	4,385,176 ″	
Emplacemens, Bâtimens, Etablissemens, pour la construction, & l'immersion des Cônes, 736,519 l.			
Supposons qu'en vendant ces objets on en retire la moitié, reste à porter en dépense.	368,259 10	368,259 10	
Total.....	368,259 10	4,753,435 10	

	Sommes censées devoir rentrer.	Sommes perdues.	Prix de l'Ouvrage effectif & qui a le plus de solidité.
De l'autre part............	368,259 10	4.753,435 10	

Dépenses pour les Digues & le remplissage des 18 Cônes.

Il a été versé par l'Administration, c'est-à-dire par
Régie, pour mémoire, . . . 19,321 toises cubes.
Et par les Entrepreneurs. . . . 353,894

Lesquelles, à 42 liv. la toise. . . . . 14,863,548 ″

373,215 toises cubes.

Dépenses accessoires ordonnées & faites par l'Administration.

Caserne du Becquet. . . . . 80,771 l.
Construction d'une Buanderie au Becquet. 36,335
Réparations du logement de l'Abbaye,
servant au logement du principal Chef
de l'Administration. 130,157

247,263

| Dont ⅟₂ en pure perte. , ... | 123,631 10 | 123,631 10 | |
| Dépense du Port du Becquet. . . . . | | 795,223 ″ | |

Je porte cette somme à la colonne de celles
perdues, avec d'autant plus de raison, que ce Port
est digne seulement, par son état de vétusté & de
délabrement, de figurer avec les ruines d'Athènes;
on peut même dire qu'on chercheroit la place où il
fut construit.

Quoique sur les 19,321 toises cubes de pierres,
supposées versées par l'administration, jusqu'au mois
d'Août 1785, époque de l'adjudication des travaux,
il n'en ait été fourni, à cause des fraudes qui se
commettoient dans les entossés & jauges des bâtimens, qu'environ la moitié; je veux bien supposer
ce cube réel, & en porter la dépense à la colonne
des ouvrages effectifs, mais simplement au prix de
42 liv. la toise, & non à celui de 75 à 80 liv.,
prix qu'il en a coûté; car je ne vois pas de raison
pour en porter un si exhorbitant, dans le moment
sur-tout où l'administration trouve le prix actuel de
42 liv. trop fort, & veut faire résilier le marché
des Entrepreneurs; mais que l'administration me
passe cette petite remarque, & je vais lui porter en
compte, comme réel, le cube de 19,321 toises,
à 42 liv. qu'elle regarde elle-même comme exhorbitant & qui me donne à porter en effectif la
somme de. . . . . 811,482 ″

Malgré ma bonne volonté, je ne puis me déterminer à lui passer celle de 1,497,377 liv. 10 sols.

| Divers petits objets exécutés en pure perte. . . | | 16,001 ″ | |
| TOTAUX. . . . . | 491,891 ″ | 5,688,291 ″ | 15,675,030 ″ |

Récapitulation pour ce qui concerne essentiellement les travaux de la Rade.

	SOMMES censées devoir rentrer.	SOMMES perdues.	PRIX de l'Ouvrage effectif & qui a le plus de solidité.
1° En Ouvrages effectifs, susceptibles de perfection, & qui promettent quelque solidité.........	....	....	15,675,030 //
2° En Cônes & autres Ouvrages totalement perdus.	....	....	5,688,291 //
3° Somme qu'on suppose devoir rentrer, mais qui ne l'étant pas encore, doit être portée en dépense.................	....	....	491,891 //
TOTAL........	....	....	21,855,212 //

COMPTE *des objets étrangers à la Rade, mais exécutés sur les mêmes fonds.*

Route de Cherbourg à Querqueville, & digue de de la fosse du Gallet................	190,267 //		
Dont à déduire pour le glacis de la Route de Querqueville, entièrement détruit, & celui de la fosse du Gallet, qui sera bientôt dans le même état.....................	62,064 //		
Reste à porter en dépense effective....	128,203 //	....	128,203 //
Et à la colonne des sommes perdues.........	....	62,064 //	
Hangard d'Artillerie..........	....	....	51,313 //
Magasin des Vivres........	....	....	66,369 //
Route du Fort d'Artois, & pavé de la rue grande Valée.............	....	....	17,292 //
Conduite d'eau du Moulin de Quinquampoix jusqu'au réservoir de distribution, dans le pré de M. S.-Germain, par apperçu..........	....	....	50,000 //
Hôpital auxiliaire............	90,000 //		
Mais comme ce dernier monte à environ 300,000 l. on le comptera ici pour cette somme. Cette manière d'opérer ne peut être qu'à l'avantage de l'Administration, puisque plus on forcera la dépense des sommes effectives, moins elle aura d'embarras à rendre un compte exact de celle en déficit, dont on doit lui ordonner de justifier l'emploi. Il est vrai que cet avantage que je lui donne ici, elle a su s'en priver à l'art. des réparations de l'Abbaye, qui, par je ne sais quelle raison, ne se trouvent portées sur le compte qu'à la somme de 130,157 l. au lieu de 402,000 l. Mais ce n'est pas ma faute; je porterai ici pour l'Hôpital la somme de...............	....	....	300,000 //
Nouvelle somme dépensée en pure perte....	....	....	62,064 //
Total général de la Dépense depuis le premier Octobre 1784 jusqu'au premier Septembre 1789, tant en pure perte qu'en ouvrages effectifs....	....	....	22,530,453 //

Et, comme il a été versé au premier Décembre 1790, dans la Caisse de la Marine, la somme totale de .... 27,889,701 //

L'Administration doit rendre compte ou répondre de celle de ... . 5,359,248 //

Cette différence résulte :

1° Des dépenses préparatoires faites depuis le commencement de l'année 1783, jusqu'au premier Octobre 1784.

2º Des dépenses faites depuis le premier Septembre 1789, jusqu'au 31 Décembre 1790, déduction faite néanmoins de celles faites pour les pierres versées en rade, dont le montant se trouve compris dans la somme de la dépense de . . . . . 22,530,413 //

3º. Enfin cette différence résulte encore des immenses traitemens, honoraires & gratifications accordées à tous les membres de cette administration dorée, qui, malgré son état, étoit non-seulement inutile, mais même dangereuse à l'avantage général, & à la bonne exécution de cet ouvrage.

PARALLÈLE de la Dépense du Port du Becquet, fait par l'Administration, avec celui fait au Cap-Lévi, par les Entrepreneurs des Travaux.

Le Port du Becquet a 150 toises de longueur, sur 24 toises de large.
Le Port du Cap-Lévi a 45 toises de long, sur 23 de large.
C'est dans la proportion de 3 ⅓ à 1.
Le Port du Becquet a 3,600 toises de superficie.
Celui du Cap-Lévi en a 1,035 toises.
C'est encore dans la proportion de 3 ½ à 1.
La profondeur des deux Ports est à-peu-près la même ; ils ont chacun une digue & trois murs de revêtement.
On y trouve encore la proportion de 3 ½ à un.
Le Port du Becquet peut fournir à l'embarquation de 36,000 toises cubes de pierres.
Le Port du Cap Lévi à celle de 10 à 12 mille.
C'est encore dans la même proportion.
Or, en la suivant, pour fixer ce qu'auroit dû coûter la construction du Port du Becquet, il n'y a qu'à multiplier par 3 ½ la somme de 62,572 liv. que le Cap Lévi a coûté aux Entrepreneurs, & l'on verra que celui du Becquet auroit pu être exécuté pour la somme de . . . . . 219,002 //
au lieu de celle de . . . . 795,223 //

Dépense en pure perte . . . . 576,221 //

Mais si on considère que le Port du Cap Lévi est presque construit en gros blocs de pierre de taille brutte qui auront toujours la même valeur qu'au moment de leur emploi, tandis que celui du Becquet n'a été construit qu'en mauvais moëllons posés de champ, on verra que la valeur des matériaux du premier, qu'on peut estimer au moins à 15,000 liv., fera décroître la dépense première d'autant, & en suivant la même proportion, augmentera celle du second de la somme de . . . 45,000 //

Alors la dépense en pure perte de cet objet, sera évidemment de . . . . 621,221 //

SECOND PARTI.

Dépenses du second Parti.

Epargnes qu'on auroit pu faire en suprimant les individus inutiles à l'Administration. . . . . 2,000,000 //
Si on n'avoit pas fait venir des Troupes, dont on pouvoit se passer, on auroit économisé ;
Une Buanderie faite au Becquet. . . . . 36,735, //
Les Casernes du même lieu. . . . . 80,771 //
Les Baraques en Bois. . . . . 11,000 //
La Location des Casernes particulières. . . . . 20,368 // } 228,874 //
Poudre de Mine indiscretement accordée aux Troupes à titre de gratification, & dont il a fallu tenir compte aux Entrepreneurs. . . . . 50,000 //
La route de Querqueville & Glacis. . . . . 30,000 //
Les ouvrages inutiles & non exécutés montent à . . . . 4,921,278 //
TOTAL GÉNÉRAL des dépenses qu'on pouvoit épargner. . . . . 7,150,152 //
On a précédemment dit que l'Administration doit répondre de celle de . . . . 5,358,448 //
TOTAL . . . . 12,508,600 //
Dont il convient de retrancher les deux millions que j'ai fait voir qu'on pouvoit au moins épargner sur les honoraires & autres faux frais de cette Administration, parce que je ne les ai portés ici que pour Mémoire, & par anticipation sur les dépenses qu'elle doit produire . . . . 2,000,000 //

TOTAL DÉFINITIF dont l'Administration doit justifier ou répondre. . . . 10,508,600 //

www.ingramcontent.com/pod-product-compliance
Lightning Source LLC
Chambersburg PA
CBHW060952050426
42453CB00009B/1162